냠냠~ 밥이 되고 약이 되는 운동

글_ 김은중

'작은어린이도서관'과 '동화읽는어른모임'에서 자원 활동을 하며 어린이 독서 문화 운동에 참여해 왔습니다. 제1회 김만중 문학상 동화 부문 최우수상을 받으며 등단했으며 푸른책들 푸른 문학상 '새로운 작가상'을 수상하고 한국문화예술위원회 아르코 창작 지원금을 받았습니다. 지은 책으로는 《특명! 이어도를 지켜라》, 《책 읽어 주는 아이, 책비》, 《좋은 말로 할 수 있잖아!》 등이 있습니다.

그림_ 플러그

플러그는 아이들을 위한 동화책, 어학 교재 등 각종 디지털 교육 콘텐츠에 들어가는 일러스트, 삽화, 캐릭터, 학습 만화 등을 제작하는 회사입니다. 여러 노하우를 기반으로 최근에는 웹툰, 카툰 등의 자체 콘텐츠를 기획 및 제작하고 있습니다.

감수_ 강재헌

국내 최고의 비만 치료 전문의로 손꼽히는 의사입니다. 서울대학교 의과대학을 졸업하고 시드니대학 비만센터에서 교환교수를 지낸 뒤, 현재 인제대학교 서울백병원 비만센터 소장과 미래창조과학부 아동청소년비만예방관리사업 단장으로 비만 환자를 돌보는 일에 힘쓰고 있습니다. 지은 책으로는 《소아비만 엄마 아빠가 도와주세요》, 《소리 없이 아이를 망치는 질병 소아비만》, 《명의 14인의 365일 건강 밥상》 등이 있습니다.

일 년 내내 튼튼하게 건강동화 10 운동

ⓒ 김은중, 2016

1판 1쇄 발행 2016년 4월 26일 | **1판 2쇄 발행** 2018년 5월 10일

글 김은중 | **그림** 플러그 | **감수** 강재헌
펴낸이 권준구 | **펴낸곳** (주)지학사
본부장 황홍규 | **편집장** 박미영 | **팀장** 김은영 | **편집** 김솔지 문지연 전해인
디자인 최지윤 | **제작** 김현정 이진형 강석준 | **마케팅** 송성만 손정빈 윤술옥
등록 2010년 1월 29일(제313-2010-24호) | **주소** 서울시 마포구 신촌로6길 5
전화 02.330.5297 | **팩스** 02.3141.4488
ISBN 979-11-85786-68-1 74810
ISBN 979-11-85786-39-1 74810(세트)
잘못된 책은 구입하신 곳에서 바꿔 드립니다.

이 도서의 국립중앙도서관 출판예정도서목록(CIP)은 서지정보유통지원시스템 홈페이지(http://seoji.nl.go.kr)와 국가자료공동목록시스템(http://www.nl.go.kr/kolisnet)에서 이용하실 수 있습니다.(CIP제어번호: CIP2016008686)

 아르볼은 '나무'를 뜻하는 스페인어. 어린이들의 마음에 담긴 씨앗을 알찬 열매로 맺게 하는 나무가 되겠습니다.
홈페이지 www.jihak.co.kr/arb/book | **포스트** post.naver.com/arbolbooks

 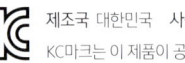 제조국 대한민국   사용연령 6세 이상
KC마크는 이 제품이 공통안전기준에 적합하였음을 의미합니다.

추천의 말

건강한 몸과 마음을 만드는 운동

　오늘날 어린이들은 학원이나 과외에 쫓겨 운동할 시간이 모자라 대부분 운동 부족 상태에 빠져 있습니다. 게다가 식탁을 채운 기름진 음식, 잦은 외식과 간식 때문에 살이 찌기 쉬운 환경에 놓여 있습니다. 실제로 국민 건강 영양 조사와 교육부 조사 결과는 비만한 어린이와 청소년이 점점 늘고 있다는 것을 보여 줍니다.

　운동은 비만하거나 허약한 어린이는 물론, 모든 어린이들에게 필요합니다. 이 책은 운동이 몸과 마음의 건강에 얼마나 중요한지를 쉽고 재미있게 전달하고 있습니다. 사실 운동이 건강에 좋다는 것은 어른 아이 할 것 없이 누구나 잘 알고 있습니다. 문제는 이를 잘 알면서도 운동이 싫고 부담스러워 실천하지 않는 사람이 많다는 점입니다. 하지만 이 책은 운동이 반드시 대단하고 힘든 것일 필요가 없다고 강조합니다. 단숨에 윗몸 일으키기 100개나 줄넘기 1,000개를 하려면 고통스러울 수 있습니다. 하지만 한 시간 동안의 놀이는 같은 운동 효과를 주면서도 재미있기까지 합니다.

　사실 비만하거나 허약한 아이들에게 달리기나 격한 구기 운동은 너무 버겁고 괴로울 것입니다. 비만하면 체력에 비해 몸무게가 많이 나가서 쉽게 숨이 차고 다리와 관절이 아프기 때문입니다. 허약한 아이들은 몸이 무겁지 않더라도 체력이 낮고 근육의 힘이 약해 운동을 조금만 해도 지칩니다. 그런 만큼 놀이, 춤, 산책이나 소풍과 같이 즐거운 활동도 충분히 훌륭

한 운동이 될 수 있다는 이 책의 메시지는 정말 중요하며 유용합니다. 자녀의 운동 부족으로 고민하는 학부모님들도 이 책을 같이 보고 힘든 운동을 억지로 시키기보다는 즐거운 놀이로 신체 활동을 많이 할 수 있는 환경을 만들어 주셨으면 합니다.

　아르볼의 일 년 내내 튼튼하게 건강 동화 시리즈 10권 《냠냠 밥이 되고 약이 되는 운동》은 아이들이 체력을 길러 건강한 성인으로 자라나는 데에 큰 도움이 될 것으로 판단되어 적극 추천합니다. 자칫 어렵게 느껴질 수 있는 건강 지식을 흥미로운 책으로 만들어 아이들이 쉽게 이해하고 받아들일 수 있게 해 주신 출판사에 깊은 감사의 뜻을 전합니다.

― 인제대학교 서울백병원 비만센터 교수 강재헌

| 작가의 말 |

으쌰으쌰, 힘을 키워 주는 운동!

'어, 몸이 왜 이러지?'

어느 날부터 이상하게 기운이 없지 뭐예요. 음식을 잘 먹고, 잠을 많이 자도 몸은 괜찮아지지 않았어요. 점점 몸이 무거워지고 손가락 하나 움직이는 것도 힘이 들었지요. 사람들을 만나는 것도 싫고 재미있는 것도 없었어요. 그러다가 땅속으로 푹 꺼지거나 먼지처럼 훅 사라질 것만 같아 겁이 났어요. 더 큰 병이 생겨서 건강을 잃기 전에 무엇이든 해야 했지요. 한의원에 갔더니 한의사 선생님이 내 몸에 힘이 하나도 없다는 거예요. 밥도 먹고, 잠도 자는데 왜 힘이 없었을까요? 그건 바로 운동을 하지 않았기 때문이었어요.

글을 쓰다 보면 하루 종일 앉아 있을 때가 많아요. 앉아서 밥을 먹고 앉아서 책을 보고 앉아서 글을 쓰고……. 그러다 잠을 자곤 했지요. 귀찮아서 운동은커녕 산책도 제대로 하지 않았어요. 그러다 보니 몸에 있던 힘이 스르르 빠져나가서 허깨비처럼 흐물흐물해진 거지요.

'비상, 비상, 비상! 몸에 힘을 불어넣어라!'

그때부터 으쌰으쌰, 운동을 하기 시작했어요. 혼자서 하는 운동은 지루해서 상대가 있는 탁구를 선택했지요. 기본기를 익히고 상대방이랑 게임을 하니까 운동이 좋아졌어요.

'오호, 이렇게 재미있을 수가!'

차츰차츰 기운이 나면서 힘이 생겼어요. 전에는 계단을 조금만 올라도 숨이 찼는데 이제 몇 층을 올라도 끄떡없었어요. 의자에 오래 앉아 있는 것도 힘들지 않고 오히려 일이 더 잘

되었지요. 운동만 했을 뿐인데 몸이 확실히 나아지지 뭐예요. 운동이 바로 '으뜸 치료약'이었던 거예요. 힘이 생기니까 얼굴도 밝아지고 살도 빠지고 사람을 만나는 것도 좋았어요.

  그런데 운동이 아무리 좋다고 해도 무리하게 하면 병이 생길 수 있어요. 좋은 것도 지나치면 독이 될 수 있으니까 조심해야 해요. 나도 너무 지나치게 운동을 하는 바람에 어깨가 아파 잠도 제대로 못 자고 생활하는 데도 불편했던 적이 있어요.

  운동할 때는 보호 장비도 잘 챙기고 규칙도 잘 지켜야 한답니다. 주의 사항을 잘 지키면서 내 몸에 맞는 운동을 꾸준히 하면 우리 몸이 아주 좋아질 거예요. 운동을 하면 힘이 생기고 힘이 생기면 무엇이든 즐겁게 할 수 있답니다. 여러분도 운동으로 힘을 키워 보세요!

– 건강 지킴이, 작가 김은중

안녕, 난 2학년 2반 왕빛나야.
나는 운동이 정말 싫어.
힘들기만 한 운동을 왜 해야 해?
아무것도 안 하고 가만히 있을 거야.
그런데 점점 살이 찌고 자꾸 숨이 차.
의사 선생님은 운동을 하면 괜찮아질 거래.
그게 정말일까?

나는 **뒹굴뒹굴**거리며 텔레비전 보는 게 가장 좋아.
오늘도 소파에 누워 있는데 엄마가 말했어.
"빛나야, 일어나서 운동 좀 해!
그러다 나무늘보 되겠어."
나무늘보라니 너무해.
하지만 운동은 나무늘보란 말보다 더 싫은걸.
어렵고 귀찮단 말이야.
운동을 안 할 수만 있다면 나무늘보여도 괜찮아.

'소파를 타고 학교에 가면 얼마나 좋을까?'
하늘을 나는 소파를 상상하며
느릿느릿 걸어가는데 촐랑이 황대연이 놀렸어.
"뚱뚱이 왕빛나, 뛰어야 살이 빠지지!"
살이 빠진다 해도 뛰는 건 정말 싫은걸.
뛰는 것도 살찌는 것도 황대연도 전부 짜증 나.
짜증이 나니까 뭐가 먹고 싶어지지 뭐야.
나는 가방에서 초콜릿을 꺼내 **우적우적** 씹어 먹었어.

'아이, 공부는 재미없어.'
멍하니 딴생각을 하는데
어깨가 축 처진 병우가 보였어.
멸치처럼 마른 병우도 나처럼 운동을 싫어해.
우리 둘은 몸집은 다르지만
힘이 없고 자주 아픈 건 닮았어.
지난번에도 우리 둘만 감기에 걸려서 아팠거든.
병우는 밥을 잘 안 먹지만 나는 잘 먹어.
게다가 잠도 잘 자는데 왜 자주 아플까?

"빛나야, 나와서 발표 좀 해 볼래?"
선생님이 나를 불렀어.
이키, 아이들이 또 놀리면 어떡하지?
살쪘다고 놀림받을 것 같아서 앞에 나가기 싫어.

통합 교과 시간에 우리 몸 그리기를 했는데
아이들이 내 그림을 보고 키득거렸거든.
어딘가로 꼭꼭 숨어 버리면 좋겠어.
나도 이러기 싫은데 자꾸 걱정되고 무서워.

체육 시간에는 술래잡기를 했어.
이리저리 뛰어야 하는 술래잡기는 너무 힘들어.
비라도 **쏴** 내리면 좋을 텐데 비는 안 오고
땀만 **주룩주룩** 흘렸어.

조금밖에 안 뛰었는데도 숨이 찼어.
그런데 아이들은 하나도 힘들지 않나 봐.
요리조리 쏙쏙 잘도 빠져나가지 뭐야.
헉헉거리며 뛰어다녔지만 결국 아무도 잡지 못했어.
눈물이 왈칵 쏟아질 것 같았어.
이렇게 영원히 술래만 하면 어쩌지?

며칠 뒤 끔찍한 일이 생겼어.
신체검사를 했는데 내가 어린이 비만이라지 뭐야!
엄마는 결과를 듣고 사나운 마녀처럼 버럭 화를 냈어.
"왕빛나, 엄마가 운동하라고 했지!"

의사 선생님이 걱정스럽게 말했어.
"빛나야, 어린이 비만이면 자주 아프고
어른이 걸리는 성인병에도 걸릴 수 있어.
집중력과 자신감도 떨어지고 말이야."
"그럼 어떡해요?
엄청 쓴 약 먹고 주사 맞아야 해요?"

다행히 커다란 주사랑 쓴 약은 없어도 된대.
의사 선생님이 다정하게 말했어.
"몸에 나쁜 음식은 먹지 말고 운동을 하면 된단다.
운동이 으뜸 치료약이야!"

"운동을 열심히 하면 술래잡기도 잘할 수 있어요?"
의사 선생님이 빙그레 웃으며 고개를 끄덕였어.
하지만 운동은 어렵고 힘들잖아.
운동 생각을 하니까 가슴이 답답해졌어.
운동을 약에 넣어 **꿀떡** 삼키면 얼마나 좋을까?

아앙아

방과 후 수업으로 운동 교실에 다니게 되었어.
운동 교실에는 나처럼 비만인 아이들만
올 줄 알았는데 아니었어. 뚱뚱한 아이,
마른 아이, 뚱뚱하지도 마르지도 않은 아이
다 있었거든.

아는 친구가 있나 싶어서 두리번거리다가 병우를 발견했어.
"병우야, 너도 운동 교실 다녀?"
"응, 약하고 힘이 없는
허약 체질이라 운동을 해야 한대."
병우는 말하면서도 곧 쓰러질 것 같았어.
허약 체질에도 운동이 으뜸 치료약일까?
운동을 열심히 해서 건강해져야 하는데
내가 잘할 수 있을지 모르겠어.
줄넘기할 때도 꼴찌, 달리기할 때도 꼴찌.
발레, 태권도, 무엇을 해도 잘하는 게 없었거든.
운동은 항상 어렵고 힘들었어.

운동 수업이 시작되었는데 뭔가 수상해.
운동은 안 배우고 게임만 했거든.
"몸으로 말하기! 나는 누구일까요?"
선생님이 양팔을 올리며 말했어.
다리는 넓게 벌리고 **펄쩍펄쩍** 뛰면서 말이야.
"원숭이요!"
"딩동댕, 정답!"

깡충 깡충

선생님이 나에게 나오라고 손짓했어.
"아무 동물이나 흉내 내 보렴!"
나는 머뭇거리다가 두 손을 머리에 얹고
깡충깡충 뛰었어.
내가 흉내 내는 건 무슨 동물일까?

맞아, 토끼야.
운동 교실 친구들은 차례로
고릴라, 호랑이, 코끼리가 되어
쿵쾅거리고 달리는 시늉을 냈어.
송골송골 땀이 나고 킥킥 웃음도 났어.

원숭이 흉내를 내던 병우도
아이들이 맞히니까 좋아서 **펄쩍** 뛰었어.
'비빔밥 운동.'
운동과 게임을 섞으니까
맛있는 비빔밥처럼 좋은 거 있지.
운동이 조금씩 재밌게 느껴졌어.

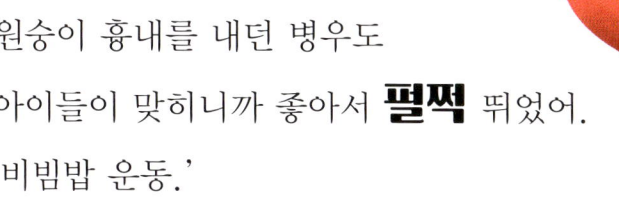

선생님이 호루라기를 불더니 손을 허리에 척 올리고 말했어.
"재미있는 운동으로 운동부족병을 이겨 낼 수 있겠죠?"
"운동부족병이 뭐예요?"
병우가 물었어.
"운동을 안 하면 몸이 뚱뚱해지거나 약해져서
나쁜 병에 걸릴 수 있어.
그렇게 되는 걸 운동부족병이라고 하지!"
나와 병우는 서로를 바라보았어.
비만이랑 허약 체질도 운동부족병 같았거든.

★ **나에게 필요한 운동 시간은?**
밥과 약만큼이나 중요한 운동! 얼마나 해야 우리 몸이 건강할까요? 보통 7~12살의 어린이는 많이 움직여야 하고, 매일 적어도 1시간 이상은 운동을 해야 해요. 운동을 너무 어렵게 생각하지 마요. 달리기나 매트 운동만 있는 건 아니거든요. 뛰어놀기, 춤추기, 산책하기도 모두 운동이랍니다.

선생님이 우리에게 물었어.
"먹고 자기만 하면 우리 몸이 어떻게 될까?"
"풍선처럼 부풀 거 같아요."
내 말에 선생님이 빙그레 웃으며
고개를 끄덕였어.

"안 먹고 운동을 안 하면 또 어떻게 될까?"
선생님이 병우를 바라보며 물었어.
나는 **비실비실**한 병우가 바람에 휙 날려 가는 모습이 떠올랐어.
"운동은 우리 몸을 건강하게 해 주는 밥과 같아.
매일 밥을 먹는 것처럼 운동도 꼭 해야 해."
의사 선생님은 운동이 약이라고 했는데 운동 선생님은 밥이래.
운동은 약도 되고 밥도 되나 봐!

갑자기 궁금한 게 생겨서 선생님에게 물었어.
"그럼 운동은 많이 할수록 좋은 거예요?
너무 힘들면 어떡해요?"

"하하, 무조건 많이 한다고 좋은 건 아니야.
욕심부려서 무리하다가는 오히려 다칠 수 있거든.
또 어떤 운동을 하든 바른 자세로 하고
주의할 점을 잘 지켜야 해.
헬멧이나 무릎 보호대 같은 보호 장비도 꼭 하고."
선생님 말을 들으니까 다시 운동이 어렵게 느껴졌어.

"운동은 너무 힘들어요."
"맞아요, 힘들고 귀찮아요!"
아이들이 투덜거렸어.
"운동은 어렵고 특별한 게 아니야.
우리가 한 게임이나 친구들이랑 노는 것도
모두 운동인걸."
"그럼 산책도 운동이에요?"
병우가 작은 목소리로 물었어.
'에이, 산책이 무슨 운동이야.'라고
생각하는데 선생님이 크게 대답했어.
"당연하지! 건강을 위해 우리 몸을
움직이는 일은 모두 운동이란다!"
정말일까?
게임이랑 산책이 운동이라면
나도 할 수 있겠어.

날이 점점 더워졌어.
몸을 조금만 움직여도 땀이 났지만
운동 교실은 빠지지 않았어.
운동도 재밌고 몸도 **튼튼**해졌거든.
비밀이지만 똥도 잘 누게 되었는걸.
병우도 조금씩 변했어.
"병우야, 너 이제 약해 보이지 않아."
"응, 전에는 힘이 없어서 밥도 먹기 싫었는데
이제 밥도 맛있고 학교에 오는 것도 재밌어."
병우가 나를 보며 활짝 웃었어.

요즘 난 친구들하고 자주 뛰어놀고 엄마랑 산책도 해.
예전처럼 소파에 누워 있지도 않아.
"빛나야, 심부름 좀 해 줄래?"
"네!"
이제 심부름도 잘해. 심부름도 운동이니까!
엄마 칭찬도 받고 운동도 하고 정말 좋아.
운동을 하니까 좋은 일이 자꾸자꾸 생겼어.
오늘은 선생님이 시키지도 않았는데
먼저 손들고 발표까지 했어.
"빛나가 발표를 씩씩하게 잘하네.
그래, 뭐든 자신 있게 하면 돼!"
선생님이 칭찬을 해 주었어.

오랜만에 술래잡기를 하기로 했어.
오늘 술래는 나하고 병우야.
아이들이 우리를 놀렸어.
"왕빛나, 나병우. 또 아무도 못 잡겠네!"
하지만 정말 그럴까?
우리는 그동안 꾸준히 운동을 했는걸.
나와 병우는 아이들을 잡으러 뛰어갔어.

아이들이 깜짝 놀라 **우르르** 도망쳤어.
하지만 멀리 가진 못했어.
우리가 금방 잡았거든.
"잡았다!"
나와 병우가 힘껏 외쳤어.

으뜸 치료약, 운동의 모든 것

궁금해요! 알려 주세요! Q&A

 운동을 하면 뭐가 좋나요?

우리 몸에 피가 잘 돌고 튼튼해져요. 키가 크는 데도 도움이 돼요. 스트레스도 풀리고 상쾌한 기분을 느낄 수도 있어요. 꾸준히 운동하다 보면 자신감도 생기고 집중력과 끈기도 좋아져요. 그러다 보면 자연히 공부도 더 잘할 수 있게 돼요.

 어떤 운동을 해야 할까요?

자신에게 맞으면서도 재미있는 운동을 하는 것이 좋아요. 줄넘기나 달리기는 혼자 하는 운동이에요. 탁구나 배드민턴은 짝이 있어야 하고 축구나 야구처럼 여럿이 하는 운동도 있지요. 즐겁게 할 수 있는 운동을 찾아 꾸준히 하는 것이 중요하답니다.

 운동을 하면 친구와 사이도 좋아진다고요?

운동은 저마다 규칙이 있어요. 규칙을 지키며 경기를 하다 보면 상대방에 대한 배려를 익히게 돼요. 상대방을 이해하는 마음이 생기면 친구들과 다투는 일도 줄어들고 더욱 사이좋게 지낼 수 있어요.

 운동할 때 조심할 점은 뭔가요?

욕심내서 무리하게 하지 말아요. 처음부터 운동을 세게 하면 근육이 놀라 아플 수 있어요. 올바른 자세도 중요해요. 자세가 바르지 않으면 다치기 쉽거든요. 또 인라인스케이트나 자전거를 탈 때는 보호 장비를 갖추어야 해요.

우리 몸을 튼튼하게 해 주는 운동

뇌
기분이 좋아지고 자신감이 커져요. 집중력도 높아지지요.

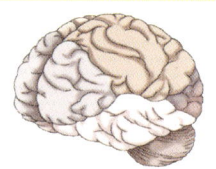

근육
근육은 우리 몸을 움직이게 해 줘요. 운동을 하면 근육이 튼튼해져서 힘이 세져요.

혈관
혈관이 튼튼해지고 피가 맑아져 병에 잘 걸리지 않게 돼요.

심장과 허파
운동을 하면 심장과 허파가 튼튼해져요. 그러면 오래 뛰거나 걸어도 힘들지 않게 되지요.

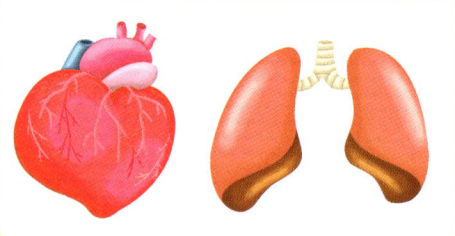

성장판
적당한 운동으로 성장판을 자극하면 키가 잘 클 수 있어요.

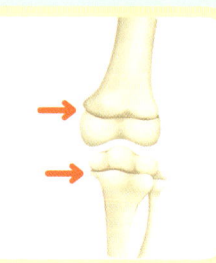

뼈
운동을 하면 뼈를 만드는 세포가 많아져서 뼈가 튼튼해져요.

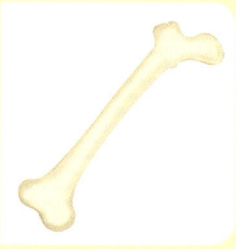

| 5월 6일 금요일 날씨: 맑음 | 제목: 신기한 운동 마법! |

운동을 자꾸 하니까 몸이 변했다.

살이 빠지고 몸이 가벼워지니까 술래잡기할 때

아이들도 빨리 잡고 발표할 때 자신감도 생겼다.

나를 멋지게 만들어 주는 운동은 신기한 마법이다.

밥이 되고 약이 되는 운동! 계속 꾸준히 해야지!

힐 년 내내 튼튼하게 건강동화는 건강한 삶의 중요함과 실천 방법을 알려 주는 초등 저학년 그림책입니다.

* 우수건강도서 * 아이스크림 추천도서 * 학교도서관사서협의회 추천도서 * 경기도학교도서관사서협의회 선정 '초등 교과수업 연계도서' * 중국·인도네시아 저작권 수출

글 **김은중** | 그림 **플러그** | 각 권 값 **10,000원**

| 01 편식 | 고루고루 골고루 얍! 편식 탈출
| 02 손 씻기 | 우글우글, 내 손에 세균이 산다
| 03 바른 자세 | 허리가 찌릿찌릿 내 뼈가 위험해!
| 04 야외 활동 | 오싹오싹 진드기 조심조심 야외 활동
| 05 이 닦기 | 욱신욱신 이게 다 충치 때문이야

| 06 게임 중독 | 으랏차차 게임 중독 물리치기!
| 07 감기 | 잘 씻고 잘 먹고 잘 자고 감기 탈출
| 08 수면 습관 | 키 쑥쑥 머리 똑똑 잠아 고마워!
| 09 예방 접종 | 얍! 내 몸을 지키는 방패, 예방 접종
| 10 운동 | 냠냠 밥이 되고 약이 되는 운동